AF315155

NOUVELLE

ET

SIMPLE MÉTHODE DE LECTURE

PAR UN INSPECTEUR DE L'INSTRUCTION PRIMAIRE.

APPROBATION DU CONSEIL ACADÉMIQUE DU MORBIHAN.

INSTRUCTION PRIMAIRE.

ACADÉMIE
DÉPARTEMENTALE
DU MORBIHAN.
CABINET
DU RECTEUR.

Vannes, le 25 Mars 1851.

M. L'INSPECTEUR,

J'ai la satisfaction de vous annoncer que, sur le compte verbal que j'ai rendu au Conseil académique, et d'après les conclusions qui le terminaient, le Conseil, dans sa séance d'hier, 24 mars, a accordé son approbation à votre ouvrage intitulé : **NOUVELLE ET SIMPLE MÉTHODE DE LECTURE**, par un Inspecteur de l'Instruction primaire. Soumise à l'examen des hommes spéciaux les plus compétents, votre Méthode, M. l'Inspecteur, avait été trouvée simple, en effet, commode et utile; je vous engage donc à la faire imprimer. Je verrai avec plaisir que son usage s'introduise et se répande dans les établissements primaires du ressort de l'Académie du Morbihan.

Recevez, M. l'Inspecteur, l'assurance de ma considération très-distinguée.

Le Recteur de l'Académie du Morbihan,

J.-A. de KERGARADEC.

AVANT-PROPOS.

Il y a deux choses à considérer, relativement à l'alphabet français en général : le nom de chaque caractère par lequel nom on désigne ce caractère, quand il en est question, et la valeur même de ce caractère (valeur qui est aussi un nom), employé comme signe d'un son ou d'une articulation, pour peindre la parole.

Anciennement, et encore trop souvent aujourd'hui, on confondait ces deux choses, ou plutôt on semblait ignorer la plus essentielle, la valeur du caractère; on n'enseignait que le nom et l'on prétendait que l'élève pouvait lire avec ce faible secours; telle était la cause qu'un grand nombre de personnes lisaient avec facilité seulement les livres qu'elles savaient presque par cœur.

Le nom donc du *b* est *bé*, sa valeur est *be*; le nom du *c* est *sé*, sa valeur est *que* ou *se*, etc. Toutes les lettres dites consonnes doivent, pour leur valeur, se prononcer avec le son de l'*e* muet.

Voici les lettres de l'alphabet français qu'il faut faire apprendre, de gauche à droite d'abord, comme par cœur, ayant bien soin néanmoins de faire toucher chaque signe de valeur à mesure qu'on le prononce. On fait apprendre de même cette suite de lettres dans l'ordre inverse; puis par colonne, et l'élève les connaîtra presque toutes. (*Voir le n° 1.*)

A B C D E F G H I K L M N O P Q R S T

U V X Y Z CH GN GU PH ILL QU.

a b c ç d e é è ê f g h i j k l m n o p q r s t u v x y z ch gn ph ill gu qu.

Vannes.— Imp. de Gustave de Lamarzelle.

1851

Instruction pour le Maître ou le Moniteur. — Faites apprendre ce tableau de gauche à droite, puis de droite à gauche, par cœur, en ayant néanmoins bien soin de faire toucher avec la baguette chaque signe de valeur, à mesure qu'on le prononce. (*Voir Avant-Propos.*)

Valeurs des sept derniers signes de valeurs, indiquées par des mots connus, dont la syllabe indicatrice est en caractère *italique* :

ch et gn gu ill ph qu

mar*ch*e   bonn*et*   ma*gn*anime   fati*gu*e   *fill*e   in*f*âme   mar*qu*e.

Nous recommandons aux Instituteurs, quelles que soient les Méthodes d'enseignement approuvées qu'ils suivent, d'établir des Moniteurs qui auront plus de temps qu'eux pour faire répéter longtemps et souvent ce tableau; car, soit dit une fois pour toujours, tout le succès dépend de ces fréquentes répétitions. Nous savons par expérience que la théorie fait ici perdre plus de temps qu'elle n'apporte de profit. Nous ajoutons : Pas de bonne méthode sans travail et surtout sans une incessante surveillance de la part du Maître.

Vannes. — Imp. de Gustave de Lamarzelle.

Les Voyelles simples. (Il faut que l'Elève dise : *les Voyelles simples.*)

a e i y o u : *ou bien* a e é è ê
i y o u

Les Consonnes ou articulations. (Il faut que l'Elève dise : *les Consonnes ou articulations.*)

a b c ç d f g h j k l m n
p q r s t v x z ch gn ph

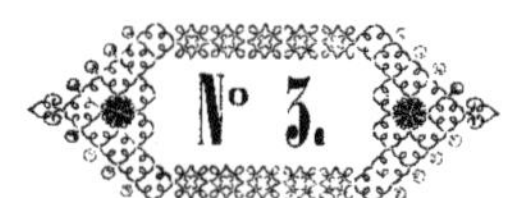

EXERCICE. (Les mêmes sons à la suite les uns des autres.)

a b c k q qu d e h u é è ê
et f ph g gu i y j l m n o p
r ç s tz t v x z ch gn ill.

MÊME INSTRUCTION qu'au N° 1, et de plus faites dire si c'est une voyelle ou une consonne qu'on touche ; par exemple : *a* voyelle ; *b* consonne, etc. Ceci est de toute rigueur pour la Méthode, comme on le verra par la suite.

Vannes.— Imp. de Gustave de Lamarzelle.

Syllabes de deux lettres, les Consonnes suivies des Voyelles.

ba	be	bé	bè	bê	bi	by	bo	bu
*ca	ce	cé	cè	cê	ci	cy	co	cu
da	de	dé	dè	dê	di	dy	do	du
fa	fe	fé	fè	fê	fi	fy	fo	fu
**ga	ge	gé	gè	gê	gi	gy	go	gu

h lettre qui ne représente aucune valeur.

ja	je	jé	jè	jê	ji	jy	jo	ju
ka	ke				ki		ko	
la	le	lé	lè	lê	li	ly	lo	lu
ma	me	mé	mè	mê	mi	my	mo	mu
na	ne	né	nè	nê	ni	ny	no	nu
pa	pe	pé	pè	pê	pi	py	po	pu
qua	que				qui		quo	
ra	re	ré	rè	rê	ri	ry	ro	ru
sa	se	sé	sè	sê	si	sy	so	su
ça							ço	çu
ta	te	té	tè	tê	ti	ty	to	tu
va	ve	vé	vè	vê	vi	vy	vo	vu
xa	xe	xé	xè	xê	xi	xy	xo	xu
za	ze	zé	zè	zê	zi	zy	zo	zu
cha	che	ché	chè	chê	chi	chy	cho	chu
gna	gne	gné	gnè	gnê	gni	gny	gno	gnu
pha	phe	phé	phè	phê	phi	phy	pho	phu
illa	ille	illé	illè	illê			illo	illu
gua	gue	gué	guè	guê	gui	guy		

* Le c a le son du s devant les e et devant les i. — ** Le g a le son du j devant les e et devant les i. — Faites réciter ces deux règles respectivement lorsque la ligne * ou la ligne ** va se lire. Voyez ensuite l'INSTRUCTION du N° 1. Tous ces tableaux doivent se savoir imperturbablement. Ayez la patience de vous y tenir et d'attendre : changer pour encourager n'est pas toujours le parti le plus sûr.

Vannes. — Imp. de Gustave de Lamarzelle.

SYLLABES INVERSES DES PRÉCÉDENTES.

ab		ac	ad	af
ag		al	ap	ar
as		at	ax	ib
ic		id	if	ig
il	ill	iq	ir	is
*ob		oc	of	ol
*op		or	os	ot
*ox		ul	up	ur
us		ut	yp	yt
*eb		ec	ed	ef
*eg		el	ep	er
*ess		ett	ex	ez (é)

* Voyez le Manuel Nᵉ VI. — Voyez ensuite l'Instruction du N° précédent.

Vannes. — Imp. de Gustave de Lamarzelle.

N° 6.

MOTS.

a-by-me	mi-nu-te	mo-ra-le
a-vi-li	no-ma-de	nu-bi-le
ma-da-me	o-li-ve	o-xi-dé
ma-ri-ne	pi-ra-te	po-ly-be
o-bo-le	re-te-nu	ri-go-le
pa-go-de	ru-mi-né	ru-ra-le
ra-tu-ré	sa-me-di	so-li-dé
Ro-me	Ti-vo-li	tu-li-pe
sa-va-ne	ve-lu	vo-lu-me
Ta-ra-re	zi-be-li-ne	zo-ne
va-li-de	ha-che	a-ra-be
zan-ni	a-xe	a-zo-te
ba-na-le	ba-di-ne	bi-go-te
ca-ba-le	ca-ra-fe	cu-pi-de
de-mi	di-vi-ne	do-du
fa-mi-ne	fi-gu-ré	fu-tu-re
ga-bar-re	ga-ze	go-mu-to
ku-ri-te	la-gu-ne	li-mi-te
ly-re	lu-mu-le	ly-re
ja-co-bi-ne	ju-pe	jo-li
ha-che	ho-mo-ny-me	ka-la-o

INSTRUCTIONS. Premier procédé. Le Maître ou le Moniteur touche chacune des syllabes du mot *abyme*, et prononce *a...by...me*; l'élève touche et prononce *a-b-yme*. Le Maître dit le suivant, et prononce toujours en touchant les syllabes, *a...vi...li*; l'élève suivant touche et prononce *a-vi-li*; et ainsi de suite.

Deuxième procédé. Ce tableau étant lu de cette manière, l'Instituteur ou le Moniteur le fait recommencer par le bas, faisant lire au premier élève le mot *kalao*; si l'élève ne le peut, l'Instituteur ou le Moniteur montre à l'élève la syllabe embarrassante, dans le tableau N° 4, que l'élève a dû posséder parfaitement. Le second élève lit le mot suivant, *joli*, de la même manière.

Troisième procédé. Ce tableau étant lu et su de cette sorte, l'Instituteur le fait lire dans l'ordre ordinaire, chaque élève son mot; si l'un est embarrassé, le Maître dit le suivant. En conséquence, l'Instituteur voit ceux des élèves de ce tableau, qu'il doit changer ou faire passer les premiers, si tous ne l'ont pas su parfaitement.

La lettre S, entre deux voyelles, a le son du Z. (Faites réciter cette règle jusqu'à ce qu'on la sache parfaitement : N° 2. , Man. n° VI.)

MOTS : bi se, che mi se, u sa, phi lo so phe, o sé, va se, case, ra sé, na sa le, pha se, or ga ni sé, na tu ra li se ra, phy si o no mie, di vi si ble, pe sé, je pè se, il pe sa, pis ci ne, pi sé, pis te, pis to le, pi thè que, mis si ve, mas se, as tu ce, pis to let, jet, bu se.

Excepté : dé su é tu de, pu sil la ni me, pré sé an ce, pré sup po sé, mo no syl la be, po ly syl la be, pa ra sol, (vraisemblance), quoique le *s* soit entre deux voyelles. (N° 2, Man. N° VI et VI *bis*.)

N B. – – Bien qu'il y ait des lettres à deux sons, à deux valeurs, un caractère, une lettre de cette espèce n'en a qu'un dans une même syllabe.

2° *N.B.* — — Lorsque dans un mot il y a deux consonnes de même valeur, deux *ll*, deux *pp*, deux *rr*, etc., on n'en prononce ordinairement qu'une. (Voir Man. N° VI, lettres E et O.)

Vannes.— Imp. de Gustave de Lamarzelle.

bl	bla	ble	bli	blo	blu
cl	cla	clé	cli	clo	clu
fl	fla	flè	fly	flo	flu
gl	gla	glè	gli	glo	glu
pl	pla	plè	pli	plo	plu
br	bra	brè	bri	bro	bru
cr	cra	cré	cri	cro	cru
* chr	chra	chre	chry	chro	—
** chl	chla	—	—	chlo	—
fr	fra	fre	fri	fro	fru
gr	gra	gre	gri	gro	gru
pr	pra	pré	pri	pro	pru
tr	tra	trè	tri	tro	tru
vr	vra	vrê	vri	vro	vru
*** sc	sca	sce	sci	sco	scu
sp	spa	spé	spi	spo	spu
sph	spha	sphé	—	—	—
st	sta	sté	sti	sto	stu
tr	tra	trê	tri	tro	tru
str	stra	stre	stri	stro	stru
vr	vra	vré	vri	vro	vru

* INSTRUCTIONS. Instituteurs ou Moniteurs faites dire : le *che* a le son du *k* devant *r*.

**   *Idem*   Le *ch* a le son du *k* devant le *l*.

***   *Idem*   Faites observer, comme au n° 4, que le *c* a le son du *ç* ou *s* devant les voyelles *e* et *i*, devant les *e* et devant les *i*, et que *sc* devant les mêmes lettres, n'y a que la valeur du *s*.

Nota. Le nom *è* devient ici un nom commun à ces quatre lettres *e*, *é*, *è* et *ê*.

Le procédé est le même qu'aux n°s 1, 5 et 6.

EXERCICE. — MOTS.

Blâ ma ble, le bi bli o ma ne, no tre blé se ra cri blé, bla far de, bu gle, blâ me, blas-phé ma tri ce, blé, blê che, blé chir, blé chro py re, blè gne, blê me, blo qué, blutage, blu te rie, cla pier, cla po tage, cla que, cla ri ne, clar té, clas se, clas si que, cla tir, cla-ve lé, cla vi cu le, cla vi cu lé, cle psy dre, clé ri cu le, clé ri ca tu re, cli cha ge, cli ché, cli de, cli ni que, cli que, clo a que, clo che, clo que, clo re, clu te, clys tè re, co ad ju to-re rie, co ad ju tri ce, flac ci di té, fla che, fla gor né, fla gor ne rie, flam me, flam mè che, flam mè gue, flam me rol le, fla nel le, flâ ne rie, fla niè re, fla que, fia qué e, flé chis sa-ble, flé tris su re, flu a ter, flu i de, gla ce, gla ci a le, gla çon, glè be, gli ne, glis sa de, glo-mé ré, glo ri o le, glu, glu me, pla ce, pla ca ge, pla ge, plé ni tu de, pli a ge, plis sé, pli-que, plo qué, plu ma ge, bra que, bra me, bra mi ni que, brè ve, bre ve té, bri de, bri co-le, bri ga de, bro de rie, bras se, brû lé, brû lu re, cra che, crâ ni o lo gie, crâ ni o lo gue, cras se, cré di bi li té, cré du le, cri, cri a ille rie, cri ble, cro che, cro che ta ge, cro chu, cru di té, cru el le, cru che, chrê me, chris te, chro ni ci té, chro ni que, chro no lo gie, chlo ra te, chlo ri que, chlo ru re, fra gi le, fré la te rie, frê le, fri tu re, fri vo li té, fro ma-ge, fru ga li té, gra ce, gra de, gre di ne rie, gre na de, grif fe, grill a de, grot te, gros se, gru ge rie, gram me, pra de, pra ti que, pré la tu re, pri vi lé ge, pri è re, pro di ga li té, prô ne, pru de rie, tra cas se rie, tra me, trè ve, tri ni té, tri co lo re, tro pi que, truf fe, trui te, vrill e, sca bre, scar la ti ne, scé lé ra te, scie, scil li ti que, sco to di nie, scu bac, spas me, spé ci a li té, spi ri tu el le, spo ra de, stal le, sta tue, sté no gra phie, stè re, sti pi té, sto ma ti que, stu pi de, tra vail, trè ve, tri ni té, tro pi que, stra ta gè me, strélitz, stro phe, struc tu re, vrill e.

Nota. Il est bon de savoir que la combinaison SCH a quelquefois le son du CH et d'autres fois le son du SC.

MOTS avec le son du CHE		MOTS avec la valeur du SC.	
Schaffouse,	Schismatique,	Schème,	Schlich,
Schélestadt,	Schiste,	Schène,	Schorl,
Schall,	Schisme.	Schenobate,	Scholastique, etc.
Schérif,			

Si dans un mot il n'y a qu'une consonne, elle se prononce avec la voyelle qui suit, et non avec celle qui précède : toi-son, poi-son, etc.

Ce qui explique qu'il faut un accent aigu (′) sur l'é de étable, *parce que le t appartient à la syllabe* ta *suivante et non à la première (é) : il y aurait é table ou et table.*

Quand deux consonnes se suivent dans un mot, elles se partagent entre la syllabe qui précède et celle qui suit: per-te, pois-son, syl-la-be, *etc. ; cependant, si la seconde de ces deux consonnes est une des lettres l, r ou b, que ces deux consonnes ne soient pas deux ll, elles se lient ensemble et tombent sur la voyelle qui suit :* vê-pres, flè che, exemple, *etc. Ce qui explique qu'il faut un accent circonflexe (^) sur l'e de vêpres ; car cet e est la dernière lettre de sa syllabe; de même il faut un accent grave (`) sur l'e du mot* très, *car le s final n'empêche pas l'accent, il est nul. L'e a le son de et quand il n'est pas la dernière lettre de sa syllabe; l'o, a le son de au très-bref, quand il n'est pas la dernière lettre de sa syllabe.*

Vannes.— Imp. de Gustave de Lamarzelle.

DEUXIÈME PARTIE

DE LA NOUVELLE MÉTHODE DE LECTURE.

Voyelles composées, nasales, et syllabes particulières.

1° **Voyelles composées :** ai, ei, oi, au, eu, ou.

2° **Voyelles nasales ou simplement les nasales :** am, an, em, en, im, in, om, on, um, un.

N. B. *Ces nasales sont essentiellement composées de* A, I, O, U, *de l'E muet et d'un* M *ou d'un* N ; *elles n'ont pas lieu dans un mot, quand elles y sont suivies d'une voyelle (N° 2.) comme* image, *ou d'une même consonne (N° 2.) que la nasale, comme au mot* immuable (*a*).

3° **Syllabes particulières :** ces, ses, des, les, mes, tes, es, est, et.

Instructions : Nous invitons MM. les Instituteurs ou les Moniteurs à insister longtemps sur ce tableau ; c'est un second alphabet d'autant plus difficile qu'il présente plusieurs lettres pour représenter une même valeur, valeur qui n'a pas de rapport avec celle des caractères qui la représentent ; que cette valeur n'a pas toujours lieu lors même que la combinaison existe ; alphabet d'autant plus indispensable, que la grande partie des mots contiennent des voyelles composées ou nasales....

Premier procédé. — Faites dire, comme au N° I, de gauche à droite et de droite à gauche, cette suite de signes de valeurs, en ayant soin de toucher ou faire toucher chaque réunion, cela jusqu'à ce que l'élève les sache parfaitement dans les deux sens.

Deuxième procédé. — Faites dire, toujours de gauche à droite et de droite à gauche, *a...i-ai* (è), *e...i-ai* (è), etc.

Troisième procédé. — Faites les questions : Quel est le son de *a...i ?* R. *è*, etc., etc.

Quelle est la valeur de *a...m, a...n ?* R. *an*, etc., etc.

Comment prononce-t-on *ces, des*, etc. ? R. *cé, dé, lé, mé, té, et.*

N. B. *La lettre dite* E *muet, à l'exception de la nasale* EM *ou* EN *quand elle a lieu, a le son de* È *bref, lorsqu'elle n'est pas la dernière lettre de la syllabe dont elle fait partie ; de même, la voyelle* O *a le son du* Au *bref lorsqu'elle n'est pas la dernière lettre de sa syllabe. Voyez le Manuel :* prononcez donc bonnet *(à peu près) comme s'il était* crit bau nè....

(*a*) On ne saurait charger la mémoire de l'élève des exceptions peu nombreuses de ces règles, il les apprendra par l'usage et dans le Manuel de cette méthode.

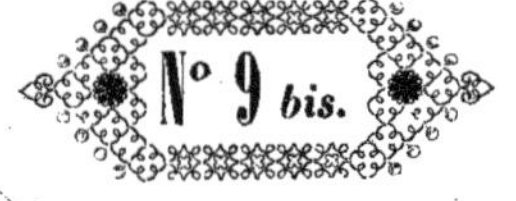

SUITE DU N° 9.

Syllabes des deux valeurs : les Consonnes suivies des Voyelles composées
et des Voyelles Nasales.

A	ai	ei	oi	au	eu	ou
B	bai	bei	boi	bau	beu	bou
	bam	ben	bim	bon	bum	—
C	cai	cei	coi	cau	ceu	cou
	can	cem	cin	com	cun	—
D	dai	dei	doi	dau	deu	dou
	dam	den	dim	don	dum	—
F	fai	fei	foi	fau	feu	fou
	fan	fem	fin	fom	fun	—
G	gai	gei	goi	gau	geu	gou
	gam	gen	gim	gon	gum	—
I	ia	ié	iè	—	io	iu
J	jai	jei	joi	jau	jeu	jou
L	lam	len	lim	lon	lum	—
M	mai	mei	moi	mau	meu	mou
N	nan	nen	nim	non	num	—
O	—	oé	oè	oi	—	ou
	—	—	oim	oin	oum	oun
P	pai	pei	poi	pau	peu	pou
R	rai	rei	roi	rau	reu	rou

Même Instruction qu'au N° 4.

N° 10.

EXERCICE. — MOTS.

Ai   ai me, lai ne, fai re, tai re, pai re, sai ne.

Ei   vei ne, rei ne, pei ne, sei me, sei ne, sei ze, sei zi è me, sei gle, sei che.

Oi   oie, boi re, poi re, foi re, noi re, loi re, la foi, le roi, la loi.

Au   bau me, au ne, fau te, cau tè re, aus tè re, pau vre, beau.

Eu   peu, beu gle, seu le, che veu, bleu, de meu re, heu reux, a veu.

Ou   cou dre, dou ble, sou ple, re dou ta ble, fou dre, pou tre, rou ble.

Am   lam bris, cam pa gne, jam ba ge, pam pre, pam phlé tai re.

An   dan se, pan se, plan te, ta lis man, é cran, van, a van ce vi te.

Em   em ploi, em phrac ti que, em phra xie, em phy té o ti que, sem bla ble.

En   en sem ble, les sens, en jou é, en la çu re, né gli gen ce, den se.

Im   sim ple, im pri ma, im por ta, lym phe, sym bo le, thym, nim be.

In   di vin, in for tu ne, in di vi du, in co gni to, pin ce, pin son, pin te.

Om   om bre, som bre, com ble, trom pe ra, il om bra gea, ré-com pen se.

On   lon gue, con tre, tron qué, con gé, plon gé, bâ ton, bon bon.

Um   par fum, hum ble, um bon.

Un   dé fun te, cha cun, tri bun, em prun té.

Ces, les   on les a trou vés ces en fants, mes on cles, des gran ges; tes a veux.

et   il est in quiet, tu es in vi té au dî né et au sou pé.

INSTRUCTIONS. Faites lire ce tableau dans tous les sens, de manière à ce qu'on n'hésite à aucun des mots qui le composent. Lorsqu'un élève est embarrassé pour lire un mot, *boire*, par exemple, dites-lui : *Quel est le son de o...i?* Il vous répondra *oi*, et de suite lira le mot *boire*, etc. Vous pourrez d'ailleurs le lui syllaber, *b... oi-boi...r..e-re*, *boire*, etc., etc.

RÈGLE GÉNÉRALE. *Ordinairement la consonne finale ne se prononce pas dans les mots français; ceux où elle se prononce forment exceptions.* (Voir le Manuel, dernier tableau.)

Vannes.— Imp. de Gustave de Lamarzelle.

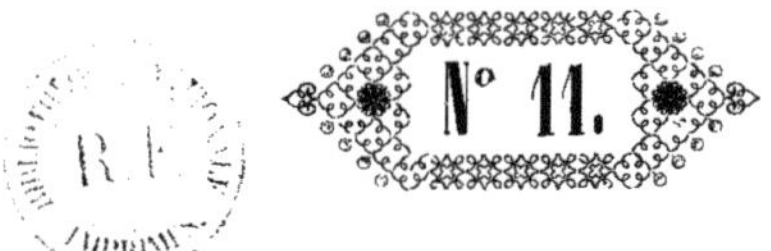

EXERCICES EXCEPTIONNELS.

1º Faites dire : *Point de voyelles composées devant une nasale qui se prononce* telle *(dans le plus grand nombre de mots).*

Ai   faim, pain, vain, crain dre, pro chain, ro main, le main tien, le loin tain, étain, main, re frain, com plain te, de main.

Ei   pein dre, tein dre, fein dre, pein tu re, plein, cein tre, fein dre.

Oi   l'*O* se prononce légèrement dans point, foin, loin, soin.

Ai) *La voyelle composée* ai *(et quelquefois* ei*) a le son de l'é fermé à la fin des mots ; mais il faut*
Ei) *qu'il n'y ait plus de lettres après :* j'ai, j'ai mai, j'ai me rai, je re ce vrai, je fi ni rai, je ren drai, je di ne rai, j'es ti me rai.

   Mais prononcez : je ren drais, il vien drait,   comme je rendrè, il rendrè, etc.; c'est tout ce qui distingue le conditionnel du futur.

Eu   *Quand il est seul* et au commencement des mots, a le son de *U :* il a eu faim, nous eû mes, eu ro pé en (prononcez : u ro pé in), eu do xie, eu mé ni des, eu ryth mie, etc.; excepté eux, pronom pluriel.

Aï   Quand on doit prononcer séparément les deux lettres *AI* (è), on met deux points, qu'on appelle tréma, sur l'*ï :* ma ïs, nous haïs sons, ba ï ette, ba ï on, ba ï o que, ca ï eu, ca ï man, fa ï ence.

Oüa ü   Même remarque que pour *aï.* La voyelle composée a lieu dans : baboüin, loüange, loüangeur.

2º Faites dire : *Point de nasale devant une voyelle :* Nº 2, i ma ge, i ne xo ra ble, a né vris me, a ni mal, te naill é, a me, â ne, u ni té, u ne, fi ne, la me, ve nu, ri ma....

Idem. *Point de nasale devant une même consonne que celle qui compose la nasale (dans le plus grand nombre de mots) :* an neau, an née, an ne li des, an ne xe, in na vi ga ble, in né, in no cents, in nom bra ble, pom me, ton ne, bon ne, ki lo gram me, hon nê te, hom me.

Emm enn   Il est d'usage de conserver la nasale aux initiales (premières lettres à gauche des mots qui commencent par *emm, enn :* emmener, ennoblir, ennui, etc., etc.

Ien   La nasale *en*, précédée d'un *i* a le son de *in :* chré tien, pa ï en, mo y en.

3º En)   *Cette nasale est tout à fait nulle ou n'a que le son de l'e muet, à la fin des mots qu'on*
ent)   *appelle* verbes : ils ai ment (prononcez *il zaime*), ils fi niss ent, ils re çoiv ent, ils ren dent, ils ai mai ent (prononcez *il zèmè*), ils fi nis sai ent, ils re ce vai ent, ils ren dai ent, ils pré ten dai ent, ils vou lai ent, ils per dir ent.

Le verbe est un mot qui marque qu'on est, c'est le verbe être; *qu'on a, c'est le verbe* avoir; *l'état ou l'action d'un sujet, comme* lire, tomber, dormir, *etc. On connaît qu'un mot est un verbe, quand on peut y joindre les pronoms* je, tu, il, elle, nous, vous, ils, elles, *et le changer par* rons, ras, rez. *Ainsi le mot* aimer *est un verbe, parce qu'on peut dire :* j'aime, tu aimes, il ou elle aime, nous aimons, vous aimez, ils ou elles aiment; aime RONS, aime RAS, aime REZ.

INSTRUCTION. Il faut absolument savoir ce tableau au moins par cœur; nous laissons MM les Instituteurs et les personnes de sens, juger si cela doit être. Faites lire les exemples qui ont trait à la règle, et même la règle, si vous le pouvez. Avis pour tous les tableaux de cette espèce.

Nº 12.

1º *La lettre* s, *entre deux voyelles* (Nº 2) *a le son du* z, (Voyez le Manuel pour les exceptions et le nº 6) :
bise, chemise, prise, promise, prosélytisme, prosodie, maison, maisonnette, demoiselle, chemisette, amuser, creuser, préserver, persévérer, user.....

2º *La syllabe* ti *a le son de* ci *ou* si *le plus ordinairement, quand elle est suivie d'une voyelle sans accent :*
minutie, inertie, impéritie, approbation, dévotion, prononciation, protection, sustentation.

Cependant si la syllabe ti *est précédée de* s *ou de* x, *elle conserve le son qui lui est propre :*
mixtion, gestion, mixtionné, bastion, bestial; il en est de même si elle commence le mot;
si elle est à la fin des mots terminés en *tié* ou en *tier*, etc. (**Voir le Manuel.**)

3º **Es**   Cette syllabe, quand elle est seule ou quand elle est suivie d'un *s*, a le son de *et :* bonn*et*,
au commencement et dans le corps des mots, avant une consonne, elle se prononce comme
au mot *messe* (mèce); à la fin des mots, elle n'a que le son de l'*e* muet : les homm*es*, la
pomm*e*, etc.

    **es ti me, mo les té, dé tes té, el le pes te rait, tu es in qui et, mes se,
pres se, pro mes ses, il lu soi res, es poir, dé ses poir.**

4º **Er**   Cette combinaison, cette syllabe, à la fin des mots, a le plus souvent le son de l'*é* fermé;
ber*ger*, aim*er*, chant*er*, etc.

Eb   (Prononcez : *è-be* ou mieux *et-be*), **ho reb, ca leb.**

Ec   **dé lec té, ob jec té, sec, bec, a vec.**

Ed   **ed da, red di tion, sed litz.**

Ef   **ef fi ca ce, ef fi lu re, ef fec tif, nef, ef froi.**

El   **mor tel, se mel le, ja vel le, el lé bo re.**

Es *voy.* 3º.

Et   **Tra jet, cu vet te, ga zet te, prêt, tra jec toi re, du vet, bou vet.**

Gue   **sy na go gue, di a lo gue, fa ti gué, guè res, guê pe, gue ni pe, pra gue.**
   Cette réunion *GU, le plus ordinairement, a le son du* G *devant une voyelle,* et elle a
les sons de ces deux lettres devant une consonne : **gut tu ral, gur neau, gus ta tif,
gut te, gu mè ne, ci guë.**

Gui   **gui pé, gui pu re, gui de, à ta gui se, gui ta re, gui ter ne, guil la ge,
guim bar de, guim pe, guin che, guin dal, guin gamp.**

De la Ponctuation. — En lisant, il faut s'arrêter, faire une pause à chaque virgule, faire une pause un peu plus longue à chaque point-virgule ; une pause encore plus marquée aux deux points : il faut s'arrêter à peu près comme si on ne voulait plus lire au point final.
La voix doit distinguer, faire entendre quand on rencontre 1º le point interrogatif (?); 2º le point exclamatif (!); 3º les points de suspension (....), et l'alinéa.

Instruction. — Tout ce Tableau doit être lu. On s'attachera aux mots qui servent d'exemples aux règles, et on veillera à ce que celles-ci soient apprises parfaitement par cœur. Sues par cœur, ces règles aideront au développement de l'intelligence.

Vannes.— Imp. de Gustave de Lamarzelle.

ARITHMÉTIQUE.

L'Arithmétique est la science des nombres et du calcul; c'est l'art de compter... Un nombre est ce qui exprime, ce qui nous fait connaître combien il y a d'unités ou de parties d'unité dans une quantité.

On appelle *unité* un tout quelconque, le nombre *un*; c'est l'une des choses que l'on compte : dans dix-huit hommes, dix-huit est le nombre, et *homme* en est l'unité.

On appelle quantité tout ce qui peut être augmenté et diminué.

Un nombre est abstrait quand il n'est appliqué à aucune espèce de chose déterminée, comme un, deux, trois, quatre, cinq, six, sept, huit, neuf, dix ou une dizaine; onze, douze, treize, quatorze, quinze, seize, dix-sept, dix-huit, dix-neuf, vingt : deux dix ou deux dizaines; vingt-un, vingt-deux, vingt-trois, vingt-quatre, vingt-cinq, vingt-six, vingt-sept, vingt-huit, vingt-neuf, trente : trois dix ou trois dizaines; trente-un, trente-deux, trente-trois, trente-quatre, trente-cinq, trente-six, trente-sept, trente-huit, trente-neuf, quarante : quatre dix ou quatre dizaines; quarante-un, quarante-deux, quarante-trois, quarante-quatre, quarante-cinq, quarante-six, quarante-sept, quarante-huit, quarante-neuf, cinquante : cinq dix ou cinq dizaines.... On continue ainsi d'ajouter l'unité et l'on trouve soixante : six dix ou six dizaines; septante ou soixante-dix : sept dix ou sept dizaines; huitante ou quatre-vingts : huit dix ou huit dizaines; nonante ou quatre-vingt-dix : neuf dix ou neuf dizaines; cent : dix dix ou dix dizaines...

Les chiffres, caractères dont on se sert pour représenter les nombres : 1 un, 2 deux, 3 trois, 4 quatre, 5 cinq, 6 six, 7 sept, 8 huit, 9 neuf et 0 zéro, chiffre de nulle valeur, imaginé pour faire occuper à un chiffre le rang qu'on veut. En conséquence, on est convenu que le premier chiffre à droite d'un nombre, représenté par des chiffres, s'appellerait chiffre des unités; que le second représenterait les dizaines, le troisième, à gauche, les centaines...

Ainsi, dans la suite 325, il y a 5 unités, deux dizaines ou vingt, et trois centaines; elle s'énonce donc : trois cent vingt-cinq. 300 s'énonce trois cents unités; car le chiffre 3 étant au troisième rang, réprésente des centaines qui sont les unités de ce rang, de cette place...

Il y a, en Arithmétique, quatre opérations : les deux premières sont l'Addition et la Soustraction; les deux dernières sont la Multiplication, qui est un abrégé de l'Addition, et la Division, qui est un abrégé de plusieurs Soustractions.

1ᵉ DE L'ADDITION. — L'Addition est une opération par laquelle, étant données séparément toutes les parties d'un nombre, on retrouve ce nombre même.

En d'autres termes, l'Addition est une opération par laquelle on réunit en un seul nombre plusieurs autres de même espèce et de même nature.

Le résultat de cette opération s'appelle *somme* ou *total*.

Vannes.— Imp. de Gustave de Lamarzelle.

TABLE D'ADDITION.

Lorsque l'Élève possédera bien cette Table indispensable, il sera ensuite très-facile de lui apprendre l'Addition et la Soustraction.

1	et	1	font	2
2		1		3
3		1		4
4		1		5
5		1		6
6		1		7
7		1		8
8		1		9
9		1		10
2	et	2	font	4
3		2		5
4		2		6
5		2		7
6		2		8
7		2		9
8		2		10
9		2		11
3	et	3	font	6
4		3		7
5		3		8
6		3		9
7		3		10
8		3		11
9		3		12

4	et	4	font	8
5		4		9
6		4		10
7		4		11
8		4		12
9		4		13
5	et	5	font	10
6		5		11
7		5		12
8		5		13
9		5		14
6	et	6	font	12
7		6		13
8		6		14
9		6		15
7	et	7	font	14
8		7		15
9		7		16
8	et	8	font	16
9		8		17
9	et	9	font	18

10	et	1	font	11
10		2		12
10		3		13
10		4		14
10		5		15
10		6		16
10		7		17
10		8		18
10		9		19
10	et	10	font	20
20		10		30
30		10		40
40		10		50
50		10		60
60		10		70
70		10		80
80		10		90
90		10		100
100	et	10	font	110
110		10		120
120		10		130
130		10		140
140		10		150
150		10		160

Instruction. Cette table suffit pour faire toutes les additions possibles : en effet, veut-on savoir, par exemple, combien font en totalité 27 et 5 ? Je mets 20 à part, il reste 7, et je dis : 7 et 5, qui sont dans la table, font 12 (10 et 2) c'est donc 10 plus 2 à ajouter à 20 ; on a donc 20 plus 10 et 2 : égal 32, donc 27 et 5 font 32 ; mais 20 plus 10 sont dans la table, et 30 plus 2 sont faciles à additionner ; il suffit de supprimer le mot *plus*, ce qui donne *trente-deux*. Comment trouve-t-on combien font 57 et 5, par exemple ? En mettant à part les 5 dizaines et en ajoutant seulement 7 avec 5, ce qui donne 12 ou 1 dizaine et 2 ; on a donc 5 dizaines plus une qui en font six, ou soixante plus les deux unités, ce qui fait 62, etc.

La *Soustraction* est une opération par laquelle étant donné un nombre et l'une de ses parties, on trouve l'autre partie ;

En d'autres termes, la *Soustraction* est une opération par laquelle on ôte un nombre d'un autre plus grand de même espèce et de même nature.

Le résultat de cette opération s'appelle *reste*, *excès* ou *différence*.

C'est l'inverse de l'Addition de deux nombres ; la table d'Addition y suffit donc.

Vannes. — Imp. de Gustave de Lamarzelle.

TABLE DE MULTIPLICATION.

La Multiplication se compose de trois nombres principaux, aux deux premiers desquels on donne le nom général de facteurs du troisième :

Le premier est le *multiplicande;* le second le *multiplicateur;* le troisième le *produit.*

Les autres nombres que peut avoir une Multiplication s'appellent produits partiels.

La Multiplication est une opération par laquelle on compose le produit avec le multiplicande, comme le multiplicateur est composé avec l'unité; ainsi, 5 multiplié par 4 donne 20 au produit; 12 multiplié par la moitié de l'unité donne 6 au produit, parce que, dans le premier cas, le multiplicateur 4 indique qu'il faut prendre le multiplicande 5, quatre fois, et, dans le second, le multiplicateur un demi (1/2), indique qu'il ne faut prendre que la moitié, 6, du multiplicande, 12, etc.

2	fois	2	font	4
2		3		6
2		4		8
2		5		10
2		6		12
2		7		14
2		8		16
2		9		18
2		10		20

3	fois	3	font	9
3		4		12
3		5		15
3		6		18
3		7		21
3		8		24
3		9		27
3		10		30

4	fois	4	font	16
4		5		20
4		6		24
4		7		28
4		8		32
4		9		36
4		10		40

5	fois	5	font	25
5		6		30
5		7		35
5		8		40
5		9		45
5		10		50

6	fois	6	font	36
6		7		42
6		8		48
6		9		54
6		10		60

7	fois	7	font	49
7		8		56
7		9		63
7		10		70

8	fois	8	font	64
8		9		72
8		10		80

9	fois	9	font	81
9		10		90

10	fois	10	font	100

10	fois	100	font	1000

La Division est l'inverse de la Multiplication. C'est une opération, par laquelle étant donnés un produit et l'un de ses facteurs, on détermine l'autre.

Il ne faut pas croire qu'il soit inutile de faire apprendre aux enfants les définitions d'opérations qu'ils ne sont pas encore en état de faire : on sera bien aise qu'ils sachent ces définitions quand ils seront en état d'en concevoir et d'en faire les opérations.

Vannes.— Imp. de Gustave de Lamarzelle.

LECTURE DU LATIN.

Principe général de la Lecture du latin.

Dans la prononciation du latin, toute consonne se prononce [1] et conserve sa valeur, soit au commencement, soit dans le corps, soit à la fin des mots. L'*e* est toujours fermé, *um* se lit *ome* et *un* se lit *on*.

EXEMPLE.

Pater noster qui es in cœlis
Patère nosstère qui esse in cœlisse

sanctificetur nomen tuum; adveniat
sanktificéture nomène tuome; advéniate

regnum tuum, fiat voluntas tua.
reg-nome tuome, fiate volontasse tua.

Dominus vobiscum.
Dominusse vobiscome.

(I) Il faut en excepter la consonne H.

Vannes.— Imp. de Gustave de Lamarzelle.

Il existe quelques difficultés dans la prononciation de plusieurs mots en français.

ON ÉCRIT :	ON PRONONCE :	ON ÉCRIT :	ON PRONONCE :
abdomen	abdomène	hymen	himène
Abraham	Abrahame	indemniser	indamenizer
album	albome	indemnité	indamenité
Alsace	Alzace	insomnie	insomenie
août	où	Jérusalem	Jérusalème
Balsamum	Balsamome	Laon	Lan
Bethléem	Betléème	Laonais	Lané
Centumvir	Cintomevir	Liverpool	Liverpoule
Coblentz	Coblance	Mameluck	Mamelouque
cook	couque	maximum	maximome
duumvirat	duomevira	Neweton	Neuton
eden	edène	New-Yorck	Neu-Yorque
enorgueillir	annorgueillir	orgueilleux	orgueuilleux
femme	fame	paon	pan
femmelette	famelette	paonneau	panau
faon	fan	punch	ponche
faonner	fané	rouennerie	rouannerie
gluten	glutène	slopp	sloupe
groom	groume	Triumvirat	Triomevirat
gymnase	jimenaze	Wissembourg	Vicinbour
gymnastique	gimenastique	Waterloo	Ouaterlo
hennir	hannir	Wellington	Ouèlelingtone
hennissement	hannissement	Laws	Lâce.

Vannes.— Imp. de Gustave de Lamarzelle.

www.ingramcontent.com/pod-product-compliance
Ingram Content Group UK Ltd.
Pitfield, Milton Keynes, MK11 3LW, UK
UKHW021625130726
13696UKWH00005B/2062